TRABAJA CON PERSONAS DIFÍCILES

Las claves para no perder los nervios

Por Hélène Nguyen Gateff
En colaboración con Céline Faidherbe
Traducido por Laura Bernal Martín

Coaching en50MINUTOS.es

TRABAJAR CON PERSONAS DIFÍCILES

- **¿Problemática?** Experimentamos tensiones y conflictos a lo largo de nuestra vida profesional. Cuando nos enfrentamos con personas difíciles, ¿cómo hacerles frente? ¿Cómo no dejarse desestabilizar y continuar cumpliendo con nuestra misión?
- **¿Utilidad?** Poder analizar la situación y reaccionar de manera constructiva cuando, por ejemplo, tu superior se comporta de manera dictatorial, un trabajador estropea el ambiente de equipo, un compañero te habla de su ansiedad, etc.
- **¿Contexto profesional?** Relaciones interpersonales en el trabajo.
- **¿Preguntas frecuentes?**
  - ¿Por qué nacen los conflictos?
  - ¿Los conflictos son ineludibles?
  - ¿Tengo que hacer concesiones?
  - ¿Me interesa enfadarme de vez en cuando en el trabajo?
  - ¿Por qué este compañero muestra una actitud diferente dependiendo de si estamos solos o en grupo?
  - ¿Por qué mi relación con los demás sufre altibajos?
  - ¿Cómo es posible que siempre me toquen compañeros difíciles?
  - ¿Por qué nunca me llevo bien con mis superiores?
  - ¿Podemos cambiar a las personas?

Las relaciones humanas no son sencillas. Todos los días nos cruzamos con personas con las que nos cuesta entendernos. Por desgracia, no elegimos nuestras relaciones profesionales, pese a que pasamos mucho tiempo con nuestros compañeros de trabajo.

Con algunas personas, las relaciones son cómodas, harmoniosas y constructivas de forma natural. Este tipo de relación no precisa de ningún esfuerzo especial. Sin embargo, con personas más difíciles, es necesaria una actitud proactiva. Aceptar este esfuerzo necesario es un primer paso fundamental. Pero, ¿por qué debería dedicar tiempo y energía a la gestión de esta relación cuando es esa persona la que constituye un problema? Podemos rebatir esta cuestión, indudablemente legítima, con la célebre máxima de Gandhi: «Sé el cambio que quieres ver en el mundo» (Maxwell 2017, cap. 1). El que quiera que las cosas cambien debe ser el motor del cambio, ¡y esto también es aplicable a la oficina! Si tu objetivo es salir de una o varias relaciones tóxicas, toma las riendas del asunto y hazte con las herramientas necesarias para lograrlo.

Para ello, te proponemos proceder en tres etapas. Seguir este programa de trabajo debería permitirte, en vez de sufrir, ver con mayor claridad, tomar perspectiva y pasar a la acción.

EL ABECÉ DE LA GESTIÓN DE LAS PERSONAS DIFÍCILES

PRIMERA ETAPA: SABER CON QUIÉN TRATAMOS

¿Cómo afirmar que una persona tiene un carácter difícil? Es delicado trazar el límite entre una tendencia a dejarse llevar con demasiada facilidad y una persona con carácter, entre un temperamento a veces inestable y una disfunción psicológica demostrada.

Para simplificar y citando a Christophe André (psiquiatra y psicoterapeuta francés, nacido en 1956), podríamos decir que una persona difícil se caracteriza por «ciertos rasgos de carácter demasiado marcados o rígidos [que] provocan sufrimiento a uno mismo y a los demás»[1] (Lelord y André 2000, 20). Si te parece que un miembro de tu entorno laboral se comporta de forma anormal de manera estructural y esto se mantiene en el tiempo y repercute negativamente en tu eficiencia y tu comodidad de trabajo o en la de tu equipo, probablemente sea más que acertado concluir que estás tratando con una persona difícil.

Indignarse y enfadarse puede ser una reacción legítima y necesaria en un primer momento, pero esto no será lo que haga que la situación evolucione. Necesitarás analizar sus comportamientos para comprender su funcionamiento: entender la mecánica interna de los que te rodean te per-

---

1. Cita traducida por 50Minutos.es

mite ser consciente de la diversidad de reacciones existentes y aceptar que tus compañeros son como son. Es necesario realizar este análisis previo para poder poner en marcha una estrategia eficaz.

A continuación, resumimos los seis grandes tipos de personas difíciles con las que nos podemos cruzar a lo largo de nuestra vida profesional:

1. El **ansioso** es una víctima de lo que elegantemente solemos llamar el síndrome del «miedo infundado». Siempre se imagina lo peor y anuncia catástrofes antes de que se produzcan o cuando no existe la menor posibilidad de que ocurran. Maneja con brío el discurso negativo y nunca se relaja, ni física ni emocionalmente. Si es jefe de equipo, le cuesta muchísimo relativizar y delegar. Si es un trabajador, te pide constantemente tu aprobación. Su autonomía es, sin lugar a dudas, su punto débil. Tomar el menor riesgo le provoca sudores fríos. En algunos casos, incluso podrá mostrarse horriblemente generoso y compartirá su ansiedad con todo su equipo.

2. Trabajar con una persona **desconfiada**, sobre todo cuando parece tener tendencias paranoicas... ¡menudo placer! Esta persona, que se muestra desconfiada y sospecha de todo, es incapaz de fiarse y confiar en los demás. Es desagradable y mantiene las distancias, examinando a los que le rodean. A la menor ocasión, se lanza sobre la presa que podrá alimentar sus sospechas. Porque no olvides que no ve la realidad como tú, y que todo vale para alimentar su necesidad de sentirse traicionado. ¿Le has dado un apretón de manos a su cliente, que le esperaba en recepción? ¡Es evidente que lo has hecho porque

quieres pasar por encima de él! Todo lo que hagas o digas será usado en tu contra.

3. El histérico ha cambiado de nombre, pero sigue siendo igual de insoportable. Ahora, podemos llamarle «el **histriónico**». Su necesidad de seducir no tiene límites y, para que esté satisfecho, necesita un ocupar un lugar concreto: ¡el central! Llamar la atención es una cuestión de supervivencia. Es hiperemotivo, su humor es cambiante y le cuesta salirse del registro emocional. Para su desgracia, en el ámbito profesional la relación es técnica y contractual. Ahora bien, la moderación en las relaciones humanas no es su punto fuerte.

4. «Lo mejor es enemigo de lo bueno». Para tu mala suerte, el **perfeccionista** no lo ha comprendido. Cuando alcanza sus metas, su perfeccionismo consiste en ponerse un objetivo que, por definición, es imposible de alcanzar. Tu perfeccionista se obstina en desplegar un rigor tal que, por ejemplo, nunca va a entregar un trabajo terminado. Está obsesionado con el miedo al fracaso y le paraliza el miedo al éxito y al trabajo hecho. Como duda constantemente de sí mismo y siempre tiene necesidad de investigar más y más, le cuesta tomar decisiones. En el plano relacional y debido a su comportamiento distante, este tipo de persona suele llevarse bien con el desconfiado.

5. El **narcisista** tiene un principal problema en la vida: está por encima del resto y es, simplemente, un ser extraordinario. Al menos, eso es lo que él piensa. En otras palabras, no solo cree que todo le está permitido, sino que todos le deben algo y él no le debe nada a nadie. ¿Intentas pararle los pies? Te mirará con sorpresa, incluso con estupor. Pero, ¿a qué se debe ese descontento, por

qué un cambio de actitud tal? Como los señores de otras épocas, tu Narciso tiene derecho a privilegios, ¡y punto!

6. No podíamos acabar esta lista sin referirnos al **perezoso**. Independientemente de que no pase a la acción por culpa de una profunda angustia o de una egoísta preocupación por ahorrar su energía personal, el resultado es el mismo: heredas trabajo que no puede o que no quiere hacer. Al menor problema de salud pide una baja. Necesita un día completo para realizar la tarea más simple y siempre tiene algo mejor que hacer que ponerse al servicio de su equipo. A menudo es más eficaz de palabra que con los hechos, es desenvuelto y no tiene escrúpulos a la hora de no respetar los plazos fijados. ¡Toda una alegría para sus compañeros e interlocutores!

¿Has reconocido en una de estas descripciones a un compañero especialmente fastidioso? Los retratos que hemos trazado son expresamente caricaturescos; en realidad, a menudo nos enfrentamos con personas que acumulan varias de estas peculiaridades y a distintos niveles. ¿Tu asistenta es una diva perfeccionista? ¿Tu secretario es un histriónico desconfiado? Ahora puedes ponerle nombre a su actitud. Y nosotros mismos, si nos conocemos bien, ¿no reconocemos en estas descripciones algo de nuestras distintas excentricidades?

Para acabar, debes saber que el súmmum en términos de personalidad difícil —en este caso incluso hablamos de personalidad tóxica— es aquel del que los psicólogos, los *coaches* de empresa y los medios de comunicación nos llevan hablando sin cesar desde hace una década: el perverso narcisista. Ante este tipo de personas se acaban las bromas; si te ha elegido para que seas una de sus víctimas, es simple: va a buscar desmoralizarte a través de un trabajo de destrucción sistemática de tus defensas y de tu dignidad. Por suerte, según los cálculos, este tipo de personas solo representa a entre el 2 y el 3 % de la población.

SEGUNDA ETAPA: PONER EN MARCHA UNA ESTRATEGIA ADAPTADA

Para ayudarte a gestionar mejor tus relaciones con interlocutores difíciles, te proponemos dos tipos de consejos: por una parte, los que se adaptan a todos los perfiles y, por la otra, los que se centran en cada uno de los perfiles identificados con anterioridad.

Tres consejos universales

El primer aspecto esencial ante cualquier tipo de interlocutor difícil es intentar **comportarse como un adulto**. Echarle un vistazo rápido a la teoría del análisis transaccional (AT) puede resultar revelador. El AT, fundado a finales de los años cincuenta por el psiquiatra estadounidense Éric Berne (1910-1970), se utilizó en un primer momento para fines psicoterapéuticos. Posteriormente se ha convertido en una herramienta de análisis y de gestión de las relaciones profesionales.

Según el AT, todos mostramos tres «estados del yo» en nuestras relaciones con los demás: el Padre, el Niño y el Adulto. Existen tres tipos de Niño y dos tipos de Padre. Dependiendo de nuestra trayectoria vital, estos estados estarán más o menos desarrollados.

Niño	Emociones, impulsos, sensaciones y creatividad.
Niño adaptado sumiso	Acepta las reglas. Llevado al extremo, puede llegar a pasar desapercibido.
Niño adaptado rebelde	Le gusta el enfrentamiento. Esto puede ser legítimo pero, llevado al exceso, su comportamiento puede volverse agresivo.
Niño libre	Satisface sus necesidades y expresa sus emociones con espontaneidad.
Adulto	Observación, cuestionamiento, reflexión, evaluación, deducción e información.
Padre	Reglas, principios, juicios.
Padre abastecedor	Anima calurosamente a sus interlocutores. Llevado al exceso, puede asfixiar a los otros al sobreprotegerlos.
Padre normativo	Emite principios y dicta reglas. En exceso, puede acosar al otro.

Para simplificar, digamos que cuanto más tendemos a un comportamiento de tipo Adulto, mejor lograremos que las relaciones difíciles evolucionen. Comportarse como un Adulto supone hacer una distinción clara entre hechos, sentimientos y opiniones y, en nuestro discurso, privilegiar los hechos.

Ejemplo práctico

Hechos (Adulto)	«No me has puesto en copia en un intercambio de correos electrónicos con nuestro cliente común. Por lo tanto, no estaba al corriente de la cantidad a la que ascendía la última transacción. Sin embargo, lo necesito saber para que pueda llevar un seguimiento preciso del volumen de negocios».
Sentimientos (Niño)	«Me ha molestado mucho que no me hayas puesto en copia en tu intercambio de correos electrónicos con nuestro cliente común. Siempre me dejas de lado, nunca estoy al corriente de nada».
Opiniones (Padre)	«No es normal que no me hayas puesto en copia en tu intercambio de correos electrónicos con nuestro cliente común. No es aceptable que no seamos transparentes entre nosotros. Va en contra de nuestra forma de proceder».

El AT nos explica que se pueden establecer distintos sistemas de relación en función del estado del yo movilizado. Posicionarte en modo Adulto puede ayudar al otro a cambiar de postura. Si, por ejemplo, te enfrentas a un Niño, ponerte en estado de Padre tiene el riesgo de afianzarlo en su actitud. Por el contrario, tu capacidad de dialogar como Adulto puede llevarle a abordar la conversación desde este mismo estado.

El segundo punto esencial es **cultivar nuestra capacidad de tomar distancias**. Para ello, recurramos a las herramientas de la programación neurolingüística.

Entre las interesantes técnicas que propone la PNL se encuentra la disociación, que permite considerar una situación desde un punto de vista externo. En lugar de ser parte activa en tu relación con un compañero difícil, colócate en posición de observador externo, como si vieras la película de vuestra relación. Observar y analizar la relación —y ya no solo el comportamiento de tu interlocutor— te permite detectar más fácilmente tu margen de maniobra personal.

Además, este procedimiento tiene el mérito de situar a la persona en un contexto más amplio que el de vuestra relación: de esta forma, estarás en disposición de darte cuenta de que, a menudo, el lugar que le has atribuido no se corresponde con su postura real en la dinámica del grupo o de la empresa. Si, por ejemplo, visualizas desde fuera a tu equipo de trabajo, probablemente te darás cuenta de que funciona de forma positiva en su conjunto y de que las dificultades que provoca uno de sus miembros son, a fin de cuentas, relativamente limitadas.

El tercer principio esencial que hay que respetar es el de **comunicar de manera abierta y positiva**, sin bromas ni ironía. Independientemente del perfil de tu interlocutor, ironizar, burlarse o mostrarse hiriente nunca es constructivo. ¿Qué ganas humillando al otro y burlándote de él, incluso si te amarga la vida?

Al contrario, parece que tienes mucho que ganar intentado mantener un discurso abierto y positivo. Insistir en lo que ha hecho tu interlocutor, valorar vuestros puntos de acuerdo y subrayar aquello que funciona bien siempre será eficaz. ¿Te has dado cuenta de que las personas verdaderamente realizadas y apasionadas por lo que hacen no necesitan ser agresivas o desvalorizar a los demás? Mira a tu alrededor, es bastante evidente.

Para ello, las técnicas de la asertividad y de la Comunicación No Violenta (CNV) te serán de gran ayuda. La idea es esforzarse por transmitir el mensaje sin agresividad, sumisión ni huida. Concéntrate en los hechos y en el contenido del mensaje, sin buscar degradar ni a tu interlocutor ni a ti mismo. Es esencial haber tomado previamente la distancia suficiente para estar libre de las emociones negativas que tu interlocutor haya podido suscitar en ti durante vuestros conflictos. Solo si estás íntimamente convencido de que puedes mantener una conversación constructiva con esa persona lo harás posible, dotándote de los medios necesarios.

Por supuesto, es humano tener una cierta dosis de agresividad que descargar cuando tienes la sensación de que ya has aguantado demasiado. En ese caso, se te presentan dos opciones:

• contactar con una persona de confianza con la que pue-

das hablar y reír si lo necesitas;
* reducir todo lo posible tus contactos con este interlocutor complicado durante un breve periodo de tiempo para poder descargar la tensión acumulada. Es el clásico: «Tengo reuniones fuera todo el día». Dedícate un almuerzo ameno con una persona positiva, organiza una visita a un cliente agradable o tómate un día de vacaciones.

PEQUEÑO PLUS

A menudo, el silencio es un magnífico aliado. Más que volver sobre sus palabras negativas, detectar el menor detalle crispante y entrar así en un círculo vicioso, déjale hablar. Te ahorrarás mucha energía.

Ahora que hemos establecido estos tres ejes principales, es conveniente desarrollar algunas estrategias en función del perfil concreto de tu interlocutor.

Estrategias bien definidas

Ante la ansiedad, lo más importante es tranquilizar. A veces, esto consiste en expresar cosas que a ti te podrían parecer poco necesarias. Por ejemplo, cuando le entregas un informe a tu mánager, que es ansioso, precísale que has comprobado varias veces las cifras, indícale las fuentes que has utilizado, etc. Toda información reconfortante que pueda reducir su nivel de incertidumbre no hará más que conseguir que se relaje y, por tanto, mejorar vuestra relación.

Además, has de saber que a las personas ansiosas no les gustan las sorpresas. Avísales de cualquier cosa que vaya mal antes de que lo descubran por sí mismas. Si en el informe que has preparado para una reunión importante hay una errata, díselo y subraya que ya has encontrado la solución: lo has rectificado a mano en todos los documentos.

Sin embargo, presta atención: el ansioso podría fácilmente desestabilizarte e incluso reducirte a la esclavitud, por lo que conviene establecer límites. En tus manos está determinar qué puedes hacer y qué no, ya sea porque no tienes tiempo o porque consideras que no es justo. Expresa lo que sientes de forma clara y decidida: «Gracias a esta o aquella acción limitamos los riesgos de error o las posibles incertidumbres. Por tanto, podemos considerar haber hecho todo lo posible».

Ante la desconfianza, de lo que se trata es de demostrar tu legitimidad y tu buena fe. La persona desconfiada no se contenta con una visión sintética, sino que necesita muchas explicaciones detalladas y basadas en hechos. ¿Presentas un estudio de mercado? Adapta tu discurso: aunque los detalles metodológicos aburren a los interlocutores que confían en ti, tus detalladas explicaciones ayudarán al desconfiado a entrar en el tema alejándose un poco de sus demonios.

Por otra parte, no olvides respetar adecuadamente los códigos, las reglas y la jerarquía. En aras de la eficacia y para ganar tiempo, ¿pides una cita directamente con el gran director? ¡Craso error! Tu jefe con tendencias paranoicas va a sentirse traicionado, despojado, amenazado... Incluso si tienes la sensación de que te lleva tiempo, sigue la vía jerárquica más clásica. Ganarás en tranquilidad.

El último punto muy importante: el aislamiento de un sospechoso crónico le permite alimentar su necesidad de encontrar las evidencias de sus sospechas. Por tanto, es esencial mantener el diálogo con él. Esto te permitirá evitar un gran número de incomprensiones, que son fuentes de conflicto. Ponerle en copia en un correo, hacer que apruebe documentos, etc., son pequeños gestos que te costarán poco, al tiempo que le permitirán dejar de sentirse apartado —que es su mayor temor—.

Ante la hiperemotividad, mide tus palabras. El histriónico necesita ocupar el centro del escenario y tiene una gran necesidad de sentirse reconocido. Por tanto, te aconsejamos alimentar su ego en momentos en que no hay mucho en juego. Lograrás un cierto beneficio. Por ejemplo: tu compañero de trabajo está especialmente contento consigo mismo porque su propuesta para el nombre de la nueva página web le parece la mejor con diferencia. Incluso le gustaría presentársela él mismo al director. Entonces, ¡déjale que defienda su ideal No obstante, esto debe ser esporádico, ya que de no serlo te arriesgas a que te domine.

Otro punto importante: detecta en la persona histriónica un momento de estabilidad emocional para dirigirle comentarios positivos. Estos signos de reconocimiento pueden ayudarle a moderar sus palabras y sus juicios. Lo necesita, ya que le cuesta encontrar un término medio entre la adulación y la desvalorización de los demás. Para inspirarle confianza, privilegia los momentos en los que estáis solos y en los que no tiene que buscar ser el mejor.

Ante el perfeccionismo, muéstrate indulgente pero firme. Del mismo modo que el ansioso, el perfeccionista necesita enormemente estar tranquilo y detesta los imprevistos. Su necesidad de dudar de todo y de buscar sin cesar la mejor opción hace que cualquier toma de decisión sea dura. Por tanto, tienes que presentar los efectos de su decisión de forma positiva: «Ahora que hemos elegido esta opción, sabemos hacia dónde nos dirigimos y vamos a poder poner todo en marcha para ofrecer un producto con la mejor calidad posible».

Evita descuidar los detalles que le importan: ¿tu mánager se muestra intratable con respecto a la calidad ortográfica de los informes? Si la redacción no es tu punto fuerte, pídele a alguien que relea tu texto. ¿Tienes un colega obsesionado por que el diseño sea perfecto? Antes de publicarlo, deja que lea el documento. Si sabes que es importante para él, haz esta pequeña concesión. Así ganarás un poco de calma (¡con la condición de que no retrase tu trabajo!). Si eres el superior de alguien puntilloso y con tendencia a la obsesión, tómate el tiempo de explicarle el por qué y el cómo de todo cambio. Esto será mucho más constructivo que confrontarle a un hecho consumado. Necesita tiempo para prever y organizarse, así que concédeselo, pero mantente firme en lo relativo a los plazos que hay que respetar.

diálogo constructivo con este tipo de perfil: señala que aprecias su rigor y explícale los motivos por los que es necesario que acelere el ritmo. Para ayudarle a mejorar su productividad, también puedes enumerar y analizar cada una de las tareas en detalle y proponerle que seleccione las etapas que podrían suprimirse.

Ante el narcisismo, se aconseja dejar a un lado el ego. Todos necesitamos señales de reconocimiento y, sin embargo, no esperes ninguna si trabajas con un narcisista. Así evitarás sentirte decepcionado. Aprovecha sus cosas buenas y busca en otra parte el apoyo que te falta. No intentes responderle si trata de denigrarte: no entres en su juego. Cuando no estés de acuerdo, dale argumentos objetivos (apoyándote, por ejemplo, en documentos escritos) y mantén un tono neutro desprovisto de irritación. Como con el histriónico, aprovecha un momento de estabilidad emocional para transmitirle tu aprobación (si esta es sincera), preferentemente durante una entrevista privada.

Dicho esto, si tienes que tratar con un perverso narcisista, con alguien que realmente quiere hacerte daño, vas a tener que mostrarte muy organizado y muy ofensivo a la vez. No pienses que vas a poder salir airoso con facilidad y manipular al manipulador. El verdadero perverso narcisista puede querer destruirte. Para enfrentarte a él, hay que hacer tres cosas:

• redactar una lista con todas sus palabras y actos reprensibles mencionando el lugar, la fecha y las personas que

fueron testigo. Guarda todos los documentos que podrán servirte para demostrar su maleficencia en una carpeta;
• rodearte de algunas personas de confianza con las que puedas conversar y dialogar;
• en la medida de lo posible, consultar a un médico del trabajo o a un psicólogo, que podrá ofrecerte consejos útiles.

Atención: no te tomes las malas acciones de este tipo de persona a la ligera. Podría llevarte a un estado de depresión y perjudicar tu carrera. En cambio, recuerda que estos perfiles son escasos, así que no te vuelvas paranoico y le pongas demasiado rápido la etiqueta de perverso a alguien.

Ante la pereza, ponte estricto. Los perezosos necesitan que alguien les guíe. Si es tu subordinado, es necesario que le fijes objetivos detallados y que controles con mucha regularidad que se están cumpliendo. En principio, esto permite limitar el campo de su dejadez y mostrarle que no se tolera la inacción. El perezoso tiende de forma natural a procrastinar, algo que tan solo un plan de acción concreto y validado por él puede frenar. Por tanto, te recomendamos:

• redactar una lista de tareas que hay que realizar o de objetivos que hay que alcanzar, dependiendo del nivel de responsabilidad de la persona;
• mencionar con mucha exactitud las fechas de realización;
• situar al perezoso en posición de validar este plan de acción o, aún mejor, presentarlo como si fuera autor del mismo.

Si el perezoso ocupa un cargo jerárquicamente superior

al tuyo, es importante sugerir las cosas con más sutileza. El procedimiento será el mismo —describir con detalle las acciones que hay que llevar a cabo con plazos precisos y sensatos—, pero exprésate en términos de «proposiciones» y «sugerencias». Sobre todo, no tiene que parecer que quieres imponer un plan de acción, sino que tienes que sugerirlo poniendo de relieve las ventajas que podrá ofrecerle a tu mánager.

TERCERA ETAPA: MEDIR LOS RESULTADOS DE NUESTRA ESTRATEGIA

Has asumido la gestión de la o las personas difíciles de tu entorno, y ahora vas a calibrar los efectos concretos resultantes de tu esfuerzo. Para ello, debes contar con una especie de diario en el que recogerás (en una tabla, por ejemplo) hechos de cada persona difícil. Imagina, por ejemplo, que eres el superior jerárquico de X.

Fecha	Incidente	Mi repuesta	Continuación
10 de enero	X ha explotado en plena reunión: «No es solo que nadie haga su trabajo correctamente aquí, sino que, además, no se confía en mi», ha declarado.	Sin respuesta por el momento. Reunión de una hora a solas con X el 13 de enero. Intentos de explicaciones: «¿Qué te lleva a pensar que...?» y de tranquilidad: «¿Qué podríamos hacer para demostrarte que confiamos en ti?».	No ha vuelto a explotar desde ese día, pero su actitud es cerrada y desconfiada.
25 de enero	X ha venido a echarme en cara que no le he avisado de que todos los puestos informáticos iban a cambiarse al final del primer trimestre.	Reunión de una hora a solas con X el 28 de enero. Explicación: «Esperaba la confirmación del servicio informático».	Sin continuación.
12 de frebrero	X me ha pedido cuatro veces en dos días que verifique el presupuesto publicitario que hay que presentar ante el comité directivo el 16 de febrero.	A la cuarta vez, le he pedido que considere que no revisaremos más esas cifras.	¡X se ha quejado a otros compañeros, afirmando que yo no comprobaba bien los datos antes de presentarlos ante el comité directivo!

Puedes mantener este mismo tipo de diario también si el interlocutor difícil es tu mánager. No obstante, tal recopilación de anécdotas te dará la impresión de que eres muy pleitista, incluso maníaco. Por tanto, es necesario que este procedimiento se limite a tres o cuatro meses. Esto es más que suficiente para hacerse con una muestra representativa de los problemas de comportamiento de la persona en cuestión.

¿Qué hacer con esta recopilación edificante? Podrás utilizarla durante una entrevista de evaluación anual, por ejemplo, o si decides que ya no puedes trabajar más con esa persona. En ese caso, todo depende de la relación de fuerza, de la cultura de la empresa, de las cualidades técnicas del compañero y de su red de contactos.

A partir de un determinado nivel de tensión, las relaciones se vuelven insoportables. Entonces conviene que te preguntes si estás preparado para seguir viviendo ese fastidioso día a día. Si la respuesta es afirmativa, minimiza la capacidad de hacer daño de tu interlocutor. Si es negativa, ¡habrá que plantearse abrir un nuevo capítulo en tu trayectoria profesional o en la de la persona dañina!

LOS MEJORES CONSEJOS

- Concéntrate en tu misión y en su contenido más que en las relaciones. A algunos de nosotros a veces nos cuesta centrarnos, lo que nos lleva a volcarnos demasiado en las relaciones humanas en detrimento de nuestra misión. ¿Haces tu trabajo correctamente y obtienes resultados concluyentes? Eso es lo más importante. El que tu mánager o tus compañeros no te den todas las muestras de reconocimiento que esperas es secundario.

- Intenta adoptar un comportamiento constructivo. Ante una relación complicada, evita los comportamientos impulsivos o coléricos que no hacen más que perpetuar o empeorar las incomodidades. Si realmente deseas avanzar, es inútil contestar en el mismo tono. Compórtate siempre como un Adulto, saldrás ganando.

- Encuentra interlocutores de confianza. Neutralizar a algunas personas realmente dañinas es una tarea pesada que no puedes asumir solo. Es esencial que te rodees de personas condescendientes con las que vayas a poder colaborar para poner en marcha una estrategia constructiva. En caso de problemas graves, es indispensable consultar al médico del trabajo o a un terapeuta.

- Separa los hechos, las emociones y las opiniones. Es esencial distinguir bien estas tres categorías para saber en qué plan nos situamos, independientemente de que lo hagamos para analizar el comportamiento y las palabras de una persona difícil o para hacerle frente.

- Procura que tus principios no sean demasiado rígidos. Defender tus principios y tus valores te honra, pero te puede llevar rápidamente a un estado de agotamiento avanzado. Modérate diciéndote que tu tranquilidad no tiene precio y que lo que más cuenta es el resultado. A veces es necesario hacer algunas concesiones.

* Dite a ti mismo que las relaciones pueden evolucionar. Nunca hay que desesperar y es necesario mantener una buena dosis de optimismo para seguir adelante. Si estás determinado a que tus relaciones problemáticas evolucionen, sin duda conseguirás un resultado. Muéstrate abierto a las buenas sorpresas y ten en cuenta cada pequeño paso hacia adelante, por mínimo que este sea.

* Sin embargo, no te olvides de que muy poca gente cambia de verdad. Esfuérzate por ser optimista sin ser ingenuo o idealista. De hecho, el idealismo frustrado es una fuente de intenso sufrimiento. Por lo tanto, parte del principio de que, aunque algunas personas pueden cambiar, esto no se debe a que tú así lo quieras, sino a que ellas mismas lo desean. Además, no olvides que, aunque no tienes la capacidad de cambiar a la gente difícil, sí que puedes lograr que tu relación con ella evolucione.

PREGUNTAS FRECUENTES

¿POR QUÉ NACEN LOS CONFLICTOS?

Intentar comprender por qué estamos sumidos en un conflicto es una noble tarea que nos dignifica. Podemos aprender enriquecedoras lecciones, como un mejor conocimiento de nosotros mismos y de los demás. Paradójicamente, el conflicto nos acerca al otro a través de la expresión de nuestras necesidades y del respeto a lo que somos. Para Georg Simmel (sociólogo alemán, 1858-1918), el conflicto es una forma de socialización: incluso en el mismo, seguimos conectados. Por eso el hombre busca la confrontación. Un niño con padres que no le prestan atención preferirá provocarlos hasta que le den una muestra de atención, aunque esta sea negativa. La indiferencia significa la muerte de la relación.

¿LOS CONFLICTOS SON INELUDIBLES?

Echa un vistazo rápido a la situación del panorama internacional y a la de tu país, tu barrio, tu familia, tu pareja: ¿qué grupo de personas funciona sin desacuerdos, sin altercados y sin gritos? Por otra parte, sin perder de vista nuestro objetivo (que no es otro que tratar con personas difíciles), ¿no sería mejor cambiar la pregunta por: «Los conflictos existen, acepto este postulado. ¿Cómo puedo gestionarlos?».

¿TENGO QUE HACER CONCESIONES?

En muchos casos, no pierdes nada si cedes ante tu interlocutor, solo corres el riesgo de hacer que la relación evolucione positivamente. Para ello, diferencia aquello que es importante de lo que lo es menos. Así podrás soltar un poco de lastre en un aspecto que no sea fundamental para ti.

¿ME INTERESA ENFADARME DE VEZ EN CUANDO EN EL TRABAJO?

La relación profesional es, ante todo, una relación técnica y contractual que se inscribe en el marco de una misión y de tareas que se te confían. Las broncas y otros cambios de humor no se encuentran *a priori* entre tus objetivos y, si son frecuentes, pueden perjudicar al ambiente en el trabajo y se te reprocharán antes o después. Por tanto, deben ser escasos y servir como respuesta a una situación excepcional.

¿POR QUÉ ESTE COMPAÑERO MUESTRA UNA ACTITUD DIFERENTE DEPENDIENDO DE SI ESTAMOS SOLOS O EN GRUPO?

Algunas mentes manipuladoras saben cambiar de comportamiento según las circunstancias. Además, las relaciones frente a frente y en grupo son distintas por naturaleza. Todos poseemos un instinto de supervivencia y, por consiguiente, somos conscientes de que a veces nos interesa dar una impresión positiva, por ejemplo durante una reunión y sobre todo cuando está presente el jefe de equipo. Así, lo que habías quedado en decir o en hacer durante vuestro cara a cara puede ser cuestionado cuando el tema sea examinado en grupo. Y a la inversa, ya que tu compañero difícil puede sentirse obligado a adoptar una decisión tomada en grupo y después cuestionarla cuando hables con él a solas. Los informes de reunión son muy útiles en este sentido, ¡utilízalos!

Si un perverso te desvaloriza sistemáticamente cuando estás en grupo con palabras desagradables mientras que se muestra más bien encantador cuando estáis solos, recuerda que no es más que un síntoma de su neuroticismo, de su imperiosa necesidad por brillar y dominar. En la medida de lo posible, no le prestes atención o defiéndete con calma, exponiendo los hechos.

¿POR QUÉ MI RELACIÓN CON LOS DEMÁS SUFRE ALTIBAJOS?

No solo las personas bipolares experimentan cambios de humor. ¿Acaso no atraviesas tú mismo momentos de irritabilidad? ¿No te has dado cuenta de que un mismo comentario puede tener un efecto completamente distinto dependiendo de cómo has dormido, de la fluidez del tráfico, de lo soleado que está el día o del estado de salud de una persona cercana? Por lo tanto, es importante relativizar las tensiones relacionales a las que te enfrentas y, sobre todo, calibrar su gravedad tomando perspectiva. Esto significa que tu mirada deberá abarcar un período relativamente largo (de uno a tres meses) y no solo el día de ayer, cuando un compañero que normalmente muestra un buen talante te hizo la vida imposible.

¿CÓMO ES POSIBLE QUE SIEMPRE ME TOQUEN COMPAÑEROS DIFÍCILES?

Las relaciones humanas nunca son simples, y en la oficina pasas un número considerable de horas. Por lo tanto, es bastante lógico que riñas más con tus colegas que con algunos miembros de tu familia.

Otra explicación puede encontrarse en el entorno en el que evolucionas. Algunas profesiones requieren de una personalidad fuerte, como aquellas que exigen una creatividad desarrollada. Algunos consideran que la expresión de un ego sobredimensionado es necesaria para reafirmarse. También puede ocurrir que la competencia sea tan dura que algunos se crean obligados a desarrollar un comportamiento agresivo para sobrevivir. En este contexto, te toca reflexionar seriamente sobre la cuestión de saber si estás dispuesto a seguir tu camino en este entorno.

Por último, si observas que tus relaciones con los demás son sistemáticamente conflictivas, puede que resulte útil que te hagas preguntas sobre tu propio comportamiento.

¿POR QUÉ NUNCA ME LLEVO BIEN CON MIS SUPERIORES?

Es posible que una ley de la serialidad te haya llevado a cruzarte con una sucesión de mánagers difíciles. También es posible que, por definición, el hecho de tener un jefe te resulte insoportable. ¿Has tenido padres muy autoritarios? O, al contrario, ¿te importa mucho la autonomía y te cuesta que un superior te diga qué tienes que hacer y cómo hacerlo? Solo trabajar sobre ti mismo te ayudará a elucidar las causas de estos conflictos. Si resulta que, por principios, no aguantas que te supervisen, puede que haya llegado el momento de valorar la posibilidad de orientarte hacia una actividad que puedas ejercer como autónomo.

¿PODEMOS CAMBIAR A LAS PERSONAS?

Dite a ti mismo que no serás tú el que cambiará a la gente molesta. El que hayas decidido que el comportamiento de tu interlocutor era inadmisible no significa que este vaya a mostrarse más conciliador. En cambio, a través de una actitud firme, tranquila y decidida, puedes transformar vuestra relación y conseguir que vuestras interacciones evolucionen para no volver a sufrir sus efectos.

¡AHORA ES TU TURNO!

Ahora que has decidido tratar con las personas difíciles que te rodean de forma prudente y constructiva, es necesario que te organices. Incluso antes de empezar a trazar tu plan de acción, comienza directamente con un entrenamiento rápido.

- Identifica a dos personas con las que mantienes relaciones complicadas en tu trabajo.
- Anota algunos ejemplos de disputas, fricciones u otros acontecimientos que te hicieron sufrir la semana pasada.
- Reflexiona acerca de tus propias reacciones: cólera, silencio, enfado, tristeza...
- Sin entrar demasiado por ahora en el análisis de la personalidad de estos dos compañeros, imagina cómo habrías podido reaccionar tú mismo de forma más constructiva.
- Inspira y espira profundamente varias veces después de haber realizado este ejercicio.

¡Ya te encuentras en el camino del cambio!

PARA IR MÁS ALLÁ

FUENTES BIBLIOGRÁFICAS

- Febo, Alex. 2015. *Les 5 clés pour gérer les tensions et les conflits*. París: Dunod.
- Fournier, Jean-Yves. 2016. *Désamorcer les conflits relationnels par l'analyse transactionnelle*. París: Eyrolles.
- Gunchard, Roland. 2013. *Gestion des personnalités difficiles et dangereuses au travail*. París: Elsevier Masson.
- Lelord, François y Christophe André. 2000. *Comment gérer les personnalités difficiles*. París: Odile Jacob.
- Pasini, Willy. 2002. *Les Casse-pieds*. París: Odile Jacob.

FUENTES COMPLEMENTARIAS

- BANDLER, Richard. 2008. *Un cerveau pour changer. Comprendre la PNL*. París: Pocket.
- BOUCHOUX, Jean-Charles. 2014. *Les pervers narcissiques*. París: Pocket.
- LE GUERNIC, Annick. 2011. *L'analyse transactionnelle. Pour mieux se connaître et améliorer ses relations*. Bruselas: Ixelles Éditions.
- LILLEY, Roy. 2010. *Gérez les personnalités difficiles*. París: Express Roularta.
- Maxwell, John C. 2017. *El poder de ser significativo. Cómo el propósito cambia su vida*. Traducido por Ernesto Giménez y Patricia Centeno. Nueva York: Hachette Book Group.
- NAZARE-AGA, Isabelle. 1997. *Les Manipulateurs sont parmi nous*. París: Éditions de l'Homme.

- THICH, Nhât Hanh. 2013. *La plénitude de l'instant. Se réconcilier avec soi-même et autrui.* París: Poche Marabout.

¡APRENDER NUNCA ANTES FUE TAN RÁPIDO!

www.en50minutos.es